With Love te

Daughter Janice A. Infante

So she will Prepare.

"Platos Deliciosos". For.

the Family to ENJOY.———

MUUUUUU AAAHHH o ee !!!

Love.

Daddy

8/14/13.

GÜNTER BEER · PATRIK JAROS

PLATOS DELICIOSOS

GÜNTER BEER · PATRIK JAROS

PLATOS DELICIOSOS

Recetas para preparar y saborear todos los días

Copyright © (2012) de la edición en español:

Parragon Books Ltd
Queen Street House
4 Queen Street
Bath BA1 1HE, Reino Unido

Traducción del alemán: Pilar Recuero Gil para LocTeam, Barcelona
Redacción y maquetación del texto en español: LocTeam, Barcelona

ISBN 978-1-4454-6861-7
Impreso en China • Printed in China

Nota para el lector:

Todas las cucharadas utilizadas como unidad son rasas: una cucharadita equivale a 5 ml y una cucharada a 15 ml. Si no se indica lo contrario, la leche que se utiliza en las recetas es entera; los huevos y las hortalizas, como por ejemplo las patatas, son de tamaño mediano, y la pimienta es negra y recién molida.

Los tiempos de preparación y cocción de las recetas son aproximados, ya que pueden variar en función de las técnicas empleadas por cada persona y según el tipo de horno o fogón utilizados.

Las recetas que incluyen huevos crudos o poco hechos, pescado crudo o marisco no son recomendables para niños, ancianos, embarazadas, personas convalecientes o enfermas. Se aconseja a las mujeres embarazadas o lactantes no consumir cacahuetes ni derivados. Algunos de los productos ya preparados de las recetas pueden contener frutos secos, algo que deben tener en cuenta las personas alérgicas a estos alimentos. Consulte siempre las indicaciones del envase antes de usarlo.

Los restos de la comida se deben guardar siempre en la nevera y antes de consumirlos examinar cuidadosamente si son aprovechables. Nunca se deben tratar de aprovechar los alimentos estropeados. Todas las recetas de este libro han sido revisadas, cocinadas y probadas con esmero.

El español tiene tal diversidad y riqueza que la editorial ha decidido emplear el lenguaje más neutro posible con el fin de ser comprendido por el mayor número de lectores. Cuando el término empleado difiere enormemente según la región, se incluyen sinónimos en la lista de ingredientes.

tabla **de** equivalencias

Las equivalencias exactas de la siguiente tabla han sido redondeadas por conveniencia.

medidas de líquidos/sólidos

sistema imperial (EE.UU.)	sistema métrico
1/4 cucharadita	1,25 mililitros
1/2 cucharadita	2,5 mililitros
3/4 cucharadita	4 mililitros
1 cucharadita	5 mililitros
1 cucharada (3 cucharaditas)	15 mililitros
1 onza (de líquido)	30 mililitros
1/4 taza	60 mililitros
1/3 taza	80 mililitros
1/2 taza	120 mililitros
1 taza	240 mililitros
1 pinta (2 tazas)	480 mililitros
1 cuarto de galón (4 tazas)	950 mililitros
1 galón (4 cuartos)	3,84 litros
1 onza (de sólido)	28 gramos
1 libra	454 gramos
2,2 libras	1 kilogramo

temperatura del horno

Fahrenheit	Celsius	gas
225	110	1/4
250	120	1/2
275	140	1
300	150	2
325	160	3
350	180	4
375	190	5
400	200	6
425	220	7
450	230	8
475	240	9

longitud

sistema imperial (EE.UU.)	sistema métrico
1/8 pulgada	3 milímetros
1/4 pulgada	6 milímetros
1/2 pulgada	1,25 centímetros
1 pulgada	2,5 centímetros

Índice

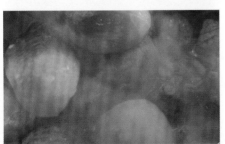

Introducción

Si no tiene ganas de vaciar la nevera y pelearse con varias ollas y sartenes para preparar una comida, entonces este libro es lo que estaba buscando. Los deliciosos platos que presentamos se pueden elaborar en olla, cazuela, wok, fuente para horno o sartén, pero la clave es que ¡solo utilizará un único recipiente! Olvide el loco trajín de ollas y tapas, así como la minuciosa planificación para asignar el uso de los fogones, por no mencionar el maratón de fregado que aguarda después.

Además de esto, cocinar con un solo recipiente aporta otras ventajas: resulta sencillo y se ahorra energía y tiempo, ya que o bien los platos se cocinan rápidamente (por ejemplo, en un wok) o bien se cuecen a fuego lento o se asan en el horno, lo que le permite poder dedicarse a otras cosas entretanto. No hay que subestimar el componente del sabor: todos los ingredientes se cocinan juntos en su propio jugo, creando un aroma único e intenso.

¿Todo en un mismo recipiente? Tal vez crea que eso solo vale para sopas y guisos, pero pronto se sorprenderá de la variedad de platos que pueden prepararse solo con una cazuela o una sartén. La selección de recetas de este libro comprende tanto platos vegetarianos como platos de pescado, carne o marisco. Por supuesto, también

encontrará sopas y estofados, además de currys, ragús y platos de arroz o pasta; muchos de ellos proceden de la cocina internacional y otros son auténticos clásicos, en algunos casos contundentes y picantes o exóticamente especiados. La variedad culinaria originaria de distintos países abarca desde Hungría (gulash), España (paella), Italia (risotto), Irlanda (estofado irlandés) y Estados Unidos (sopa de calabaza) hasta la India (biryani) y Vietnam (tiras de carne de ternera con jengibre). Encontrará platos sustanciosos, como el *Guiso de judías con tomate y salchichas picantes de cordero* (véase pág. 38) o las *Lentejas en escabeche* (véase pág. 14), así como recetas selectas para ocasiones especiales como son los *Pichones rellenos envueltos con panceta* (véase pág. 60), el *Bisque de langosta* (véase pág. 24) o las *Pechugas de pato asadas con salsa de pimienta y naranja* (véase pág. 54).

Recipientes para cocinar

Todo hogar está provisto de ollas, sartenes y fuentes para el horno. Tampoco está de más comprar una cazuela para estofar, una cazuela de hierro para el horno o un wok. La calidad de los utensilios de cocina es importante. Las ollas y sartenes de gran calidad poseen una base gruesa que reparte

el calor y son antiadherentes. Asegúrese de elegir el tamaño adecuado de olla. Si es muy pequeña, el contenido se cocina de forma desigual y no se puede remover con facilidad. Si es demasiado grande, el líquido se evapora enseguida y los alimentos se queman fácilmente. Las cazuelas y sartenes utilizadas con más frecuencia son las siguientes.

Fuentes refractarias y para gratinar: los moldes resistentes al calor de distintos materiales son ideales para elaborar platos al horno. Algunos pueden incluso utilizarse en el fogón.

Cazuela de hierro: recipiente grande de tapa pesada para cocinar carne a fuego lento. Son perfectas para preparar grandes porciones de carne o aves que deban cocinarse enteras. La mayoría son lo suficientemente grandes como para añadir verduras, que adquieren un fantástico aroma con el jugo del guiso.

Cazuela: con tapa resulta perfecta para preparar estofados que haya que cocinar a fuego lento o en el horno. Existen cazuelas con dos asas o con mango (cazo). Al mantener la cazuela tapada, los aromas se despliegan de forma óptima.

Paellera: sartén grande y de poco fondo en la que se puede preparar la clásica paella española. En su lugar, también se puede utilizar una sartén grande normal con bordes altos.

Wok: recipiente para cocinar de forma cónica, sin pliegue entre el fondo y los bordes. Concentra el máximo calor en el centro, de modo que la comida se va empujando hacia el fondo o hacia los lados según sea necesario. La mayoría se utiliza para saltear verduras y carne. Los hay con dos asas o con un mango. Para cocinar sobre placa eléctrica es necesario que tenga el fondo achatado.

Otros utensilios de cocina

Cuchara de cocina: con una cuchara de madera podrá remover cómodamente la comida sin dañar el fondo de sus cacerolas o sartenes. La madera no araña el fondo, muy importante especialmente para las sartenes antiadherentes.

Espátula de cocina: resulta especialmente útil para dar la vuelta a los alimentos en la sartén. De este modo, los ingredientes se fríen de forma rápida y eficaz.

Tenedor de carne: con él podrá dar la vuelta con facilidad a trozos grandes de carne y si es preciso, sacarlos de la cazuela.

Espumadera: con ella podrá retirar sin ningún esfuerzo la espuma que se forma en la superficie de los guisos.

Ingredientes

Este tipo de cocina admite prácticamente cualquier ingrediente. No obstante, se deben seguir algunas reglas:
Si se preparan platos con carnes y aves, primero hay que sofreírlas un poco antes de incorporar el resto de ingredientes. De este modo la carne se cocina con mayor rapidez, dando como resultado una salsa muy aromática.

Es importante tener en cuenta los distintos tiempos de cocción de los alimentos. Primero los ingredientes más consistentes, que se cocinan más despacio, y por último los más blandos, que se añaden solo al final.
Las verduras de hoja verde solo deben cocerse ligeramente para que queden al dente. De este modo mantienen vivo su color y su aroma no domina al del resto de los ingredientes.
El sabor de los caldos caseros es el mejor, sin lugar a dudas. Sin embargo, si tiene prisa o desea evitar el gran esfuerzo que conlleva prepararlo, puede utilizar también productos precocinados. En ese caso, compruebe que el caldo no sea demasiado salado. Hoy en día se comercializan gran variedad de caldos preparados de gran calidad.

Cómo interpretar este libro de cocina

Salvo que se indique lo contrario, las cantidades especificadas en las recetas están pensadas para 4 personas.

Grado de dificultad: los asteriscos indican el grado de dificultad: uno, si la receta es sencilla; dos, si tiene dificultad media, y tres si es complicada.

Tiempo de elaboración: la cifra que aparece en la esquina inferior izquierda de la página indica el tiempo de preparación aproximado en minutos.

Sugerencias: aquí encontrará cómo complementar o modificar las recetas, consejos de uso o las posibles combinaciones con otros platos.

60 ml de aceite de oliva

 2 cucharadas de azúcar

 70 g de apio

 140 g de zanahorias

 150 g de cebollas

 2 dientes de ajo

 4 clavos (clavos de olor)

 1 limón

 ½ cucharadita de pimienta blanca en grano

 1 rama de romero

 1 rama de tomillo

 1 hoja de laurel

 1 cucharada de concentrado de tomate

 1,2 kg de tomates

 1 cucharadita de sal

 750 ml de caldo de ave

Sopa de tomate a la albahaca con picatostes

1. Vierta el aceite en un cazo grande. Añada el azúcar y déjelo caramelizar un poco. Incorpore las verduras cortadas en trocitos y dórelas 5 minutos. Pele el ajo y córtelo por la mitad. Pele la corteza del limón con un pelador. A continuación, agregue el ajo, el clavo, 2 tiras de corteza de limón, la pimienta machada, el romero, el tomillo y el laurel. Sofríalo todo durante otros 5 minutos.

2. Añada el concentrado de tomate y dórelo durante 1 minuto. Después, incorpore los tomates lavados y cortados en cuartos, y sazónelo con sal.

3. A continuación, vierta el caldo de ave y llévelo a ebullición. Entonces, reduzca a fuego medio y déjelo hervir 20 minutos.

4. Quite los restos de las ramas de romero y tomillo. Bata bien el contenido de la cazuela con la batidora.

5. Por último, pase el contenido por un colador fino aplastándolo con un cucharón hasta que el residuo quede casi seco. De este modo se ligan los ingredientes y se potencia el sabor. Vierta la sopa en un plato precalentado y acompáñelo con picatostes a la albahaca (véase el consejo).

 ✳✳✳ 60

■ **Picatostes a la albahaca:** derrita 20 g de mantequilla (manteca) en una sartén antiadherente y añada 50 g de pan blanco cortado en dados pequeños. Tuéstelos a fuego lento sin dejar de remover. Añada cuatro hojas de albahaca cortadas en tiras, sazone ligeramente con sal y mézclelo. Pase los picatostes enseguida a una fuente, para que no se tuesten demasiado, y resérvelos.

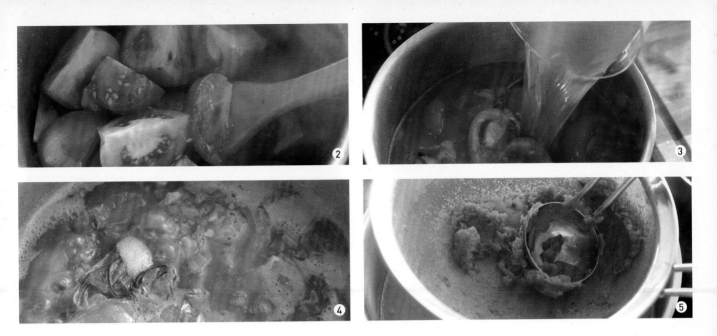

1,6 kg de calabaza

 ½ manojo de eneldo

 15 g de jengibre

 1 diente de ajo

 80 g de zanahorias

 150 g de pimiento (morrón) rojo

 30 g de apio

 80 g de cebollas

 40 g de mantequilla (manteca)

 ½ cucharadita de sal

 una pizca de nuez moscada rallada

 3 clavos (clavos de olor)

 1 hoja de laurel

 1 cucharadita de kétchup

 ½ cucharadita de curry

 1,5 cucharaditas de pimentón dulce

 1 l de caldo de ave

 200 g de nata (crema)

 100 g de crème fraîche

(1)

Crema de calabaza con picatostes al queso

1. Corte la tapa de la calabaza (preferiblemente calabaza moscada o Hokkaido). Extraiga las semillas con una cuchara sopera. Lave y corte el eneldo.

2. Con un vaciador separe la pulpa de la calabaza y de la tapa sin dañar la cáscara. Deje las paredes de la calabaza con 1 cm de grosor. Conseguirá aproximadamente 1 kg de pulpa de calabaza.

3. Pele el jengibre y el ajo y filetéelos. Lave la verdura, pélala y córtela junto con la cebolla en dados de 1 cm. Derrita la mantequilla en una cacerola y añada el ajo y la cebolla para que se pochen. Cuando estén transparentes, incorpore la verdura y el jengibre. Sofríalo otros 5 minutos.

4. Agregue la pulpa de calabaza. Sazónela con sal y nuez moscada. Añada los clavos y el laurel. Sofríalo todo a fuego medio durante unos 10 minutos o hasta que la calabaza empiece a deshacerse un poco.

5. Tueste un poco en el centro de la cacerola el kétchup, el curry y el pimentón durante 1 minuto, luego remuévalo todo. Esto intensificará el sabor.

6. Vierta el caldo, llévelo a ebullición y déjelo cocer a fuego medio durante 15 minutos. Añada la nata y la crème fraîche. Llévelo de nuevo a ebullición.

✳ ✳ ✳ 60

■ **Picatostes al queso:** corte media barra de pan en rebanadas de ½ cm de grosor, espolvoréelas con 60 g de queso gouda curado rallado y gratínelas a 200 °C durante 5 minutos.

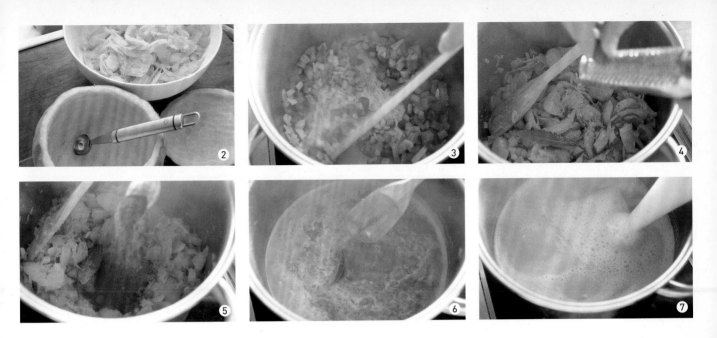

7. Pase la crema por la batidora durante 1 minuto hasta que quede una textura fina y cuélela por un colador fino. Presione los residuos con el dorso de un cucharón hasta escurrirlos bien.

Vierta la crema en la calabaza vaciada, espolvoree el eneldo picado y acompáñela con picatostes al queso (véase el consejo).

500 g de garbanzos

 220 g de cebollas

 200 g de berenjenas

 3 dientes de ajo

 200 g de tomates

 5 cucharadas de aceite de girasol

 1 cucharada de semillas de anís

 6 vainas de cardamomo

 8 clavos (clavos de olor)

 1 rama de canela

 una pizca de sal,
una pizca de pimienta negra

 1 cucharadita de semillas
de cilantro (culantro)

 1 cucharadita de cúrcuma

 1 l de agua o caldo de verduras

 200 ml de yogur (yoghurt) cremoso

 una pizca de canela molida

 un chorrito de zumo (jugo)
de limón

2 ramas de menta

Curry de garbanzos con yogur a la canela y menta

1. Ponga los garbanzos en remojo en agua fría al menos 2 horas. Parta las cebollas por la mitad y córtelas en juliana. Trocee las berenjenas en dados de 2 cm. Pele el ajo y filetéelo. Corte los tomates pelados en cuatro trozos. Caliente el aceite en una cacerola a fuego medio, añada el ajo y dórelo. Incorpore el anís, el cardamomo, el clavo y la canela, y deje que se tuesten un poco para intensificar el aroma.

2. Añada la cebolla, sofríala hasta que quede transparente y apártela a un lado de la cacerola. A continuación, eche la berenjena. Salpimiente y dórela 5 minutos.

3. Espolvoree el cilantro y la cúrcuma molidos y sofríalo todo durante 5 minutos hasta que la cebolla y la berenjena queden ligeramente cocidas. Escurra los garbanzos.

4. Incorpore los garbanzos y rehóguelos un poco. A continuación, agregue el tomate y vierta el agua o el caldo.

5. Mantenga siempre los garbanzos cubiertos con agua o caldo. Cuézalos tapados a fuego medio durante 70 minutos. Por último, mezcle el yogur, la canela molida y la menta cortada en tiras. Vierta la crema de yogur sobre los garbanzos.

+ 2 horas en remojo

■ Es preferible dejar los garbanzos en remojo durante toda la noche anterior. De este modo, se ablandan antes al cocinarlos. Este plato puede acompañar a una carne a la plancha.

1 zanahoria

 2 tallos de apio

 1 puerro

 1 cebolla

 2 cucharadas de aceite

 1 cucharada de mantequilla (manteca)

 1 cucharada de concentrado de tomate

 250 g de lentejas pardinas

 150 ml de vino blanco

 ½ l de caldo

 una pizca de sal, una pizca de pimienta negra

 ½ cucharadita de mejorana seca

 2 cucharadas de vinagre

2 cucharaditas de mostaza de Dijon

2 ramitas de perejil

Lentejas en escabeche

1. Limpie y lave la zanahoria, el apio y el puerro y córtelos en dados pequeños. Pele la cebolla y trocéela también en dados.

2. Dore la verdura en aceite y mantequilla calientes. Luego, añada el tomate y remuévalo.

3. Incorpore las lentejas lavadas y sofríalas.

4. Vierta el vino blanco y llévelas a ebullición; añada el caldo y déjelo cocer 20 minutos.

5. Por último, rectifique de sal y pimienta. Mezcle la mejorana y condimente con el vinagre y la mostaza.

Pique fino el perejil y algunas hojas de apio y échelo por encima de las lentejas antes de servirlas.

■ Este plato es una excelente guarnición para el pescado a la plancha. También puede acompañarlas con tiras de panceta ahumada crujiente. Además, puede enriquecer las lentejas añadiendo filetes de anchoa finamente picados, alcaparras, pepinillos en vinagre o un poco de nata batida.

½ cucharadita de comino

 4,5 cucharadas de aceite

 500 g de seitán

 1 diente de ajo

 1 cucharadita de mejorana

 una pizca de sal,
una pizca de pimienta negra

 3 cebollas

 500 g de patatas (papas) harinosas

 2 cucharadas de pimentón dulce

 1 l de caldo de verduras

 1 cucharadita de cebollino picado
(ciboulette)

1

Gulash vegetariano con patatas y pimentón

1. Rocíe un poco de aceite sobre el comino y píquelo muy fino con un cuchillo. Gracias al aceite, el comino no saltará al picarlo.

2. Corte el seitán en dados y déjelo marinar en el ajo picado, el comino, la mejorana, la pimienta y la sal durante 10 minutos.

3. Pele las cebollas y córtelas en juliana. Añada 4 cucharadas de aceite a una cazuela y sofría la cebolla. A continuación, incorpore la patata pelada y troceada.

4. Espolvoree por encima el pimentón y remuévalo.

5. Añada los dados de seitán a las patatas y mézclelo bien.

6. Vierta el caldo y déjelo cocer todo durante unos 30 minutos.

Reparta el guiso en los platos y espolvoree por encima el cebollino.

■ Le quedará muy sabroso si mezcla en el gulash otras verduras como pimiento rojo o amarillo, calabacín y tomate. Logrará un sabor más jugoso y fresco. En esta receta, el seitán constituye un delicioso sustituto de la carne de ternera o cerdo. Si le gusta el gulash más fuerte, sustituya la mitad del pimentón dulce por picante.

30 g de panceta en lonchas (fetas)

250 g de tomates

1 diente de ajo

1 chalote (echalote)

6 alcachofas (alcauciles) pequeñas

80 g de mantequilla (manteca)

4 cucharadas de aceite de oliva

una pizca de azúcar

una pizca de sal,
una pizca de pimienta negra

250 g de arroz para risotto

750 ml de caldo de ave

2 ramas de romero

90 g de parmesano

1 rama de perejil

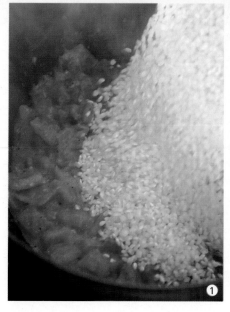

Risotto de tomate y alcachofas

1. Corte la panceta en tiras de 1 cm de ancho. Pele los tomates y córtelos en dados de 1 cm. Pele el ajo y píquelo bien. Pele los chalotes y trocéelos en pequeños dados. Lave y limpie las alcachofas.

2. Derrita 20 g de mantequilla y 2 cucharadas de aceite en una cacerola para rehogar hasta que quede esponjosa. Añada los chalotes y el ajo y sofríalos 1 minuto. Agregue los tomates, azúcar, sal y pimienta. Rehóguelo a fuego lento durante 2 minutos aproximadamente.

3. Añada el arroz, remuévalo con la cuchara de madera y vierta el caldo caliente, la cantidad justa para que el arroz quede cubierto. Ya no debe remover el arroz; limítese a mover el recipiente. Déjelo cocer entre 15 y 18 minutos. Añada más caldo caliente de vez en cuando.

4. Entretanto, corte cada alcachofa en seis trozos. Caliente el resto del aceite en una sartén antiadherente. Añada la alcachofa y el romero, salpimiéntelos y fríalos a fuego lento unos 5 minutos. Mueva la sartén de vez en cuando. Incorpore la panceta y fríala hasta que quede crujiente. A continuación, retire el romero e incorpore la alcachofa junto con la panceta al risotto. Por último, agregue el parmesano rallado y el resto de la mantequilla y mueva la sartén. Reparta el risotto en los platos y decórelo con un poco de perejil.

■ **Risotto de setas:** limpie 250 g de champiñones y córtelos en cuatro o seis trozos, dependiendo de su tamaño. Caliente 2 cucharadas de aceite en una sartén antiadherente, añada el champiñón y dórelo 5 minutos. Salpimiéntelo. Pele ½ diente de ajo y píquelo bien. Lave ½ manojo de perejil, separe las hojas y píquelas. Añádalas a las setas junto con el ajo. Rocíe con el zumo de ½ limón, mézclelo y agréguelo al risotto meneando la cacerola.

✳✳✳60

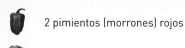 2 pimientos (morrones) rojos

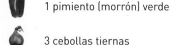 1 pimiento (morrón) verde

3 cebollas tiernas

500 g de patatas (papas)

2 dientes de ajo

la corteza de 1 limón

½ cucharadita de comino

3 cucharadas de aceite vegetal

2 cucharadas de pimentón dulce

una pizca de sal,
una pizca de pimienta negra

1,2 l de caldo de verduras

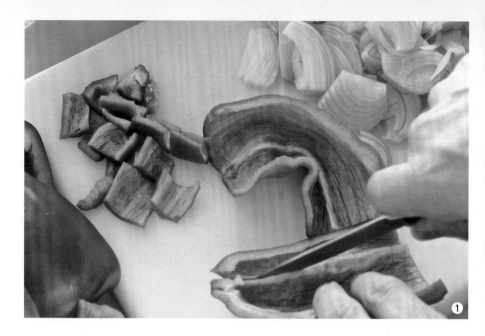

Gulash de verduras

1. Parta los pimientos por la mitad, retire el corazón y límpielos. A continuación, córtelos en trozos de unos 2 cm. Pele las cebollas, pártalas por la mitad y píquelas en dados grandes. Pele las patatas, córtelas en trozos de unos 2 cm y resérvelas en agua fría para que no ennegrezcan. Pele los dientes de ajo y píquelos bien junto con la corteza de limón. Rocíe el comino con un poco de aceite y píquelo.

2. Caliente el aceite en un cazo y sofría la cebolla. Escurra bien la patata para que no quede agua. Añádala a la cebolla y déjela dorar a fuego lento 5 minutos.

3. Incorpore el ajo, la corteza de limón, el comino y el pimentón sobre las patatas y sofríalo todo un poco.

4. Después, agregue el pimiento. Salpimiéntelo y rehóguelo a fuego medio unos minutos.

5. Vierta el caldo y cuézalo a fuego lento unos 25 minutos, removiendo de vez en cuando. Sirva el gulash en platos hondos y acompáñelo con pan de centeno.

■ En lugar de pimiento rojo y verde, puede utilizar también calabacines y tomates cherry.

* * * 55

250 g de brócoli

 1 pimiento (morrón) verde

 1 diente de ajo

 250 g de tallarines de arroz

 2 guindillas (chiles) verdes grandes

 5 cucharadas de aceite vegetal

 2 cucharadas de salsa de pescado

 2 cucharadas de salsa de soja

 1 cucharada de azúcar

 2 huevos

 1 cucharada de semillas de sésamo

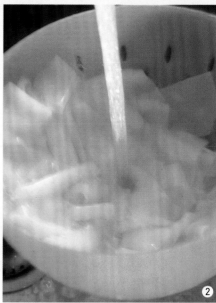

Tallarines de arroz con brócoli y guindillas verdes

1. Lave el brócoli y separe las cabezuelas con un cuchillo pequeño. Lave el pimiento, límpielo por dentro y córtelo en juliana. Pele el ajo y píquelo en trocitos.

2. Cueza la pasta. Luego, pásela por agua fría y déjela escurrir. Corte las guindillas en aros finos.

3. Caliente un wok grande. Añada 3 cucharadas de aceite y el brócoli. Fríalo unos 5 minutos. Entretanto, vierta la salsa de pescado y remueva. A continuación, saque el brócoli y resérvelo.

4. Vierta el resto del aceite en el wok y fría primero el ajo, añada luego la pasta y por último, el pimiento. Riéguelo con la salsa de soja y espolvoree el azúcar.

5. Incorpore de nuevo el brócoli y mézclelo todo. Bata los huevos en un bol. Añádalos al wok dejando que se vaya cuajando en los laterales y revuélvalo. Por último, entremezcle la guindilla. Sírvalo en cuencos y espolvoree el sésamo antes de sacarlos a la mesa.

■ Las hierbas aromáticas frescas, como el cebollino, la albahaca tailandesa y el cilantro, o los brotes de soja combinan muy bien con este plato. Solo tiene que esparcirlas sobre el plato terminado.

100 g de cebollas

 3 chalotes (echalotes)

 80 g de zanahorias

 80 g de apio

 3 dientes de ajo

 10 granos de pimienta negra

 1,5 kg de langosta cocida

 3 cucharadas de aceite de oliva

 50 g de mantequilla (manteca)

 2 ramas de tomillo

 1 rama de romero

 2 hojas de laurel

 4 tomates pelados en conserva

 15 g de arroz de grano corto

 50 ml de vermut (vermouth) seco, 50 ml de coñac

 150 ml de vino blanco

 1 l de fondo de marisco

 400 ml de nata (crema)

 2 hojas de albahaca

 una pizca de sal

 una pizca de pimienta de Cayena

①

Bisque de langosta

1. Corte las cebollas, los chalotes, las zanahorias y el apio en dados de ½ cm. Maje el ajo con su piel. Machaque los granos de pimienta con un cuchillo. Abra la langosta, extraiga la carne y resérvela. Caliente el aceite de oliva en una cazuela ancha. Añada la carcasa de la langosta y tuéstela unos 5 minutos. Incorpore la mantequilla y siga rehogando para que desprenda su sabor.

2. Incorpore la verdura cortada, el ajo, la pimienta y las hierbas aromáticas picadas. Sofríalo todo. Remueva a menudo con una espátula el jugo que se concentra en el fondo de la cazuela para que no se queme, pues la sopa quedaría amarga.

3. Agregue los tomates, macháquelos y rehóguelos bien. Añada el arroz y riéguelo con el vermut y el coñac. Vierta el vino y cuézalo otros 5 minutos para que se evapore el alcohol.

4. Vierta el fondo de marisco y déjelo cocer a fuego lento durante 20 minutos.

■ El bisque debe su nombre a los bizcochos salados y rallados con los que antes se ligaban los ingredientes. La crema de langosta sabe mucho mejor si se añade la carcasa de una langosta cruda.

5. Añada la nata y la albahaca y cuézalo a fuego lento 10 minutos más. Conecte la batidora en su posición más baja y bata con cuidado (esto intensifica el sabor de la crema). Seguidamente, cuélela en otra cazuela y con el cucharón exprima bien la carcasa. Llévela de nuevo a ebullición, rectifique de sal y condimente con Cayena.

Sirva la crema en platos hondos y coloque en ellos la carne de langosta.

3 chalotes (echalotes)

 60 g de apio

 1 puerro

 1 diente de ajo

 30 g de mantequilla (manteca)

 2 hojas de laurel

 1 rama de tomillo

 una pizca de sal,
una pizca de pimienta negra

 2 kg de mejillones
(500 g por persona)

 150 ml de vino blanco

 ½ manojo de perejil

Mejillones al vino blanco

1. Pele los chalotes. Corte los chalotes, el apio y el puerro en juliana. Chafe el diente de ajo sin pelar. Funda la mantequilla en una cazuela. Incorpore primero el ajo y los chalotes, luego el laurel, el tomillo, el apio y el puerro, y rehóguelo todo durante un instante. Salpimiéntelo.

2. Incorpore los mejillones lavados y limpios, mézclelos con las verduras, riéguelos con el vino blanco y déjelos cocer, tapados, de 3 a 5 minutos o hasta que se abran. Lave el perejil, separe las hojas y píquelas en trozos pequeños.

Esparza el perejil por encima de los mejillones, mézclelo todo bien y sírvalo.

30

■ Un mejillón vacío puede servir de pinzas para comer los restantes sin necesidad de utilizar cubiertos.

750 g de guisantes (arvejas) frescos

 2 pimientos (morrones) rojos

 2 pimientos (morrones) verdes

 5 cucharadas de aceite de oliva virgen extra

 400 g de arroz de grano corto

 200 ml de vino blanco

 una pizca de sal, una pizca de pimienta

 una pizca de azafrán

 2 kg de pescado y marisco

2 l de caldo de ave

Paella de marisco

1. Extraiga los guisantes de sus vainas.

2. Parta por la mitad los pimientos, quíteles el corazón y córtelos en dados. Caliente el aceite en una sartén. Añada el pimiento y dórelo. Incorpore el arroz y rehóguelo. Desglase con vino blanco y salpimiente. Espolvoree el azafrán en polvo.

3. Reparta en el arroz los trozos de pescado y marisco previamente limpios y lavados.

4. Vierta el caldo, añada los guisantes y deje que se haga la paella durante 20 minutos aproximadamente. Presente el plato en la misma paellera.

Con esta paella comen entre 6 y 8 comensales.

■ Aquí lo mejor es utilizar el arroz de grano redondo español. El arroz italiano podría espesar en exceso el plato y no quedaría suelto. La paella se puede preparar con diferentes tipos de pescado y marisco, y también con carne de pollo o conejo.

250 g de muslos de pollo

 1 manojo de cilantro (culantro)

 100 g de pimientos (morrones) verdes

 100 g de pimientos (morrones) rojos

 80 g de puerros

 4 dientes de ajo

 400 g de arroz de grano largo

 5 cucharadas de aceite vegetal

 1 cucharada de azúcar

 4 cucharadas de salsa de soja

 2 cucharadas de vinagre de arroz marrón

 100 g de gambas (langostinos) cocidas

 2 huevos

Arroz frito con verduras al estilo asiático

1. Retire con un cuchillo los huesos de los muslos de pollo y, junto con la piel, corte la carne en tiras. Lave el cilantro y trocéelo. Lave los pimientos, quíteles el corazón y pártalos en cuatro trozos. Corte el puerro a lo largo en tiras finas. Pele el ajo y filetéelo. Cueza el arroz. Caliente el aceite en un wok antiadherente, añada la carne y sofríala. En cuanto adquiera un tono dorado, sáquela del wok, dejando el aceite dentro.

2. Añada el ajo y sofríalo. Después, agregue el pimiento. Mézclelo todo y dórelo entre 2 y 3 minutos.

3. Incorpore el puerro y la carne. Condiméntelo con azúcar, salsa de soja y 1 cucharada de vinagre de arroz. Mézclelo todo bien. Fríalo durante 1 minuto sin dejar de remover.

4. Añada el arroz y las gambas y saltéelo todo durante 3 minutos.

5. Bata los huevos en una fuente con un tenedor. Aparte el arroz a un lado del wok y cuaje el huevo en el centro, aunque removiéndolo con cuidado.

6. Añada el cilantro y mézclelo. Vierta el resto del vinagre sobre el arroz, sírvalo en los platos y decórelo con un poco más de cilantro.

■ En lugar de arroz largo se puede utilizar arroz basmati. Otras verduras que combinan bien son los brotes de soja, o pequeñas cabezuelas de brócoli, tirabeques, minimazorcas de maíz, pak choi y col china.

1 kg de paletilla de cerdo

 1 cucharadita de sal,
una pizca de pimienta negra

 2 cucharadas de pimentón dulce

 1 cucharadita de mejorana seca

 1 cucharada de harina

 300 g de cebollas

 3 dientes de ajo

 20 g de perejil

 40 g de manteca de cerdo

 ½ limón

 ½ cucharadita de comino

 20 g de mantequilla (manteca)

 1 cucharada de concentrado
de tomate

 ½ l de fondo de ave o ternera

 500 g de tallarines frescos

 1 manojo de cebollino (ciboulette)

Gulash de cerdo con pimentón y tallarines

1. Corte la carne en dados de 4 cm. Deje los tendones y la grasa de la carne para que el gulash quede más tierno y jugoso. Coloque la carne en una fuente. Condiméntela con sal, pimienta, pimentón y mejorana. Enharínela también.

2. Mézclelo todo bien con las manos. Pele las cebollas, córtelas por la mitad y luego en juliana. Pele 2 dientes de ajo y píquelos bien. Ate las ramas de perejil con bramante formando un ramillete.

3. Caliente la manteca en una cacerola. Añada primero el ajo y luego la cebolla. Sofríalos unos 10 minutos. Para preparar la mantequilla aromatizada, pique muy fino 1 diente de ajo pelado, 1 trozo de corteza de limón y el comino y luego mézclelo con la mantequilla a temperatura ambiente. A continuación, enfríela en la nevera.

4. Incorpore la carne a la cacerola. Dórela a fuego lento, sin freír, durante 10 minutos. Haga un hueco en la cacerola y dore ligeramente el tomate. Mézclelo con la carne y déjelo cocer tapado otros 10 minutos.

* * * 120

■ Para preparar el gulash Szeged, mezcle 500 g de chucrut cocido y 150 g de crème fraîche o nata agria al final. Como guarnición, acompáñelo con patatas cocidas al perejil.

5. Vierta el fondo y vuelva a tapar la cacerola. Déjelo cocer a fuego lento aproximadamente 1 hora. Remueva de vez en cuando y, si es preciso, añada un poco de agua. 15 minutos antes de que termine la cocción, introduzca el ramillete de perejil y déjelo cocer. Por último, retire el perejil, añada la mantequilla fría y remueva el gulash.

Reparta el gulash en los platos y acompáñelo con tallarines cocidos y salteados, sobre los que puede espolvorear cebollino muy picado.

1 pierna de cordero (1,3 kg)

 1 manojo de perejil

 1 ramita de estragón

 5 chalotes (echalotes)

 150 g de zanahorias

 3 cebollas

 1 repollo tierno

 2 dientes de ajo

 300 g de patatas (papas)

 2 cucharadas de aceite vegetal

 1 cucharadita de sal, una pizca de pimienta negra

 ½ cucharadita de concentrado de tomate

 1 hoja de laurel

 1,2 l de caldo de carne

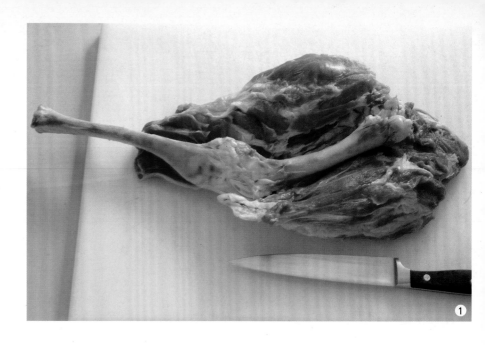

Estofado irlandés con repollo y zanahorias

1. Realice una incisión en la pierna de cordero a lo largo del hueso y sepárelo con cuidado de la carne con la punta del cuchillo. Elimine la grasa de la piel y el cartílago. Corte la carne en dados de 3 cm. Lave el perejil y el estragón, separe las hojas del tallo y resérvelas. Se deben cortar justo antes de añadirlas al plato para que conserven su sabor y los aceites esenciales.

2. Pele los chalotes y pártalos por la mitad. Pele las zanahorias y córtelas transversalmente en rodajas de 1 cm. Pele las cebollas, córtelas por la mitad y luego en juliana. Quite las hojas exteriores del repollo, pártalo por la mitad, retire el tallo y lávelo. Córtelo en dados de 3 cm. Pele y

pique los dientes de ajo. Pele las patatas y trocéelas en dados de 3 cm.

3. Caliente el aceite en una cacerola. Eche primero el ajo y la cebolla para que se rehoguen. Salpimiente la carne y métala en la cacerola. Sofríala a fuego lento otros 10 minutos. Aparte la carne a un lado, vierta el tomate en el hueco libre, sofríalo un poco y mézclelo con la carne. Añada el laurel.

4. A continuación, vierta el caldo. Este puede sustituirse por agua, aunque en ese caso necesitará añadir más condimento. Llévelo a ebullición y déjelo hervir tapado 15 minutos.

■ En lugar de pierna, se puede utilizar paletilla, que debe hervir 15 minutos más, ya que posee más grasa entreverada. Si se prepara con paletilla de cerdo o de ternera, se obtiene una especialidad alemana llamada estofado Pichelsteiner. Pueden añadirse o sustituirse otras hortalizas al gusto. Igualmente sabrosas resultan en este guiso las judías verdes, el apio, la col rizada o las raíces de perejil.

5. Incorpore la zanahoria, los chalotes y la patata y déjelo cocer tapado durante otros 10 minutos. Entonces, añada el repollo, mézclelo todo y déjelo cocer a fuego lento 20 minutos más. Al añadir los ingredientes por tiempos, logrará que se hagan al mismo tiempo y no se pasen. Por último, pique el perejil y el estragón y mézclelo en el guiso.

Sírvalo en platos hondos.

500 g de carne picada de cerdo

 2 cucharadas de salsa de ostras

 1 lata de leche de coco (400 g)

 1 cucharadita de pasta de curry rojo

 300 g de maíz en grano (choclo) en conserva

2 cucharadas de almendras en láminas

Albóndigas en salsa de coco y curry

1. Mezcle la carne picada con la salsa de ostras y forme bolitas. Colóquelas en una fuente para horno baja. Vierta la leche de coco en un recipiente alto rebañando bien la lata.

2. Añada la pasta de curry a la leche.

3. Mezcle la leche un poco con la batidora hasta que se disuelva el curry.

4. Vierta la salsa sobre las albóndigas. Escurra el maíz en un colador y repártalo por encima. Por último, añada las almendras. Introduzca la bandeja en el horno precalentado y áselo todo a 180 °C unos 25 minutos. Si fuera necesario, cubra la bandeja con papel de aluminio para que no se quemen las almendras.

Sírvalo en platos hondos.

■ En vez de la pasta de curry rojo, también puede emplear la de curry amarillo, más suave. Además, puede añadir a la salsa algunos guisantes pequeños.

45

10 salchichas picantes de cordero pequeñas (merguez)

 2 cucharadas de aceite vegetal

 1 diente de ajo

 2 cebollas

 2 ramas de romero

 2 hojas de laurel

 300 g de judías (porotos, frijoles) blancas

 1 cucharadita de concentrado de tomate

 400 g de tomate natural pelado en conserva

 una pizca de sal, una pizca de pimienta negra

Guiso de judías con tomate y salchichas picantes de cordero

1. Caliente el aceite en una cacerola y dore las salchichas por todos los lados. Añada el ajo fileteado.

2. Cuando el ajo se haya dorado, saque las salchichas y resérvelas. Pele las cebollas, córtelas por la mitad y luego en juliana. Sofría la cebolla junto con el romero y el laurel. Apártelo a un lado de la cacerola.

3. Escurra bien las judías, puestas en remojo la noche anterior, e incorpórelas a la cacerola.

4. Añada el concentrado y el tomate en conserva con su jugo. Aplaste el tomate con la cuchara de madera. Salpimiéntelo.

5. Vierta agua fría hasta que las judías queden bien cubiertas. Incorpore las salchichas y déjelo cocer a fuego lento tapado durante 1 hora. Remueva a menudo y añada más agua de vez en cuando para que las judías siempre estén cubiertas y puedan cocerse bien.

Sirva los platos colocando las salchichas encima de las judías.

+ 12 horas en remojo

* * * **75**

■ Estofe 2 piernas de pato asadas, 1 trozo de panceta y algunos trozos de cordero junto con las judías y tendrá listo un fantástico Cassoulet.

1 kg de paletilla de cordero deshuesada

 una pizca de sal, una pizca de pimienta negra

 5 dientes de ajo

 350 g de cebollas

 50 ml de aceite vegetal

 2 ramas de canela

 6 vainas de anís estrellado

 ½ cucharadita de curry en polvo

 1 cucharadita de comino molido

 2 cucharadas de concentrado de tomate

 600 g de tomate natural pelado en conserva

 250 g de arroz basmati

 una pizca de azafrán en hebra

Biryani de cordero

1. Corte la carne en dados de 3 cm y salpiméntela. Pele el ajo y filetéelo. Pele las cebollas, córtelas por la mitad y luego en juliana. Caliente el aceite en una cazuela ancha. Añada el ajo, la canela, el anís y la cebolla. Rehogue 5 minutos hasta que quede transparente. Sazone con sal.

2. Incorpore la carne, sofríala y espolvoree el curry y el comino. Déjelo cocinar durante 10 minutos, teniendo cuidado de que no se quemen las especias, pues amargarían el plato.

3. A los 5 minutos, retire la carne a un lado, añada el concentrado de tomate y sofríalo un poco. A continuación, agregue los tomates pelados con su jugo, llévelos a ebullición y déjelos cocer tapados a fuego medio unos 40 minutos. Cueza el arroz según las indicaciones del paquete.

4. Compruebe con un tenedor si la carne está cocida. Entonces, retire la canela y el anís del ragú de cordero y resérvelos para decorar los platos.

5. Remoje las hebras de azafrán en 50 ml de agua y cuézala hasta reducir a la mitad. Reparta el arroz sobre el ragú de cordero ya terminado, y luego el agua con el azafrán y caliéntelo tapado 5 minutos.

■ Espolvoree menta recién picada y acompáñelo con yogur cremoso. En los restaurantes indios este plato se decora con un poco de pan de oro.

2 romanescos (coliflor)

 3 chalotes (echalotes)

 2 tomates

 1 manojo de cilantro cimarrón

 1 trozo de jengibre

 400 g de lomo de ternera

 4 cucharadas de salsa de ostras

 4 cucharadas de aceite de cacahuete (maní)

 1 diente de ajo

 una pizca de azúcar

 1 lima

Tiras de ternera con jengibre al estilo vietnamita

1. Lave el romanesco y sepárelo en cabezuelas. Pele los chalotes y córtelos a lo largo en juliana. Corte los tomates en cuatro partes, quíteles las semillas y vuelva a partir por la mitad cada cuarto. Lave el cilantro y píquelo no muy fino. Pele el jengibre y trocéelo en rodajas finas. Limpie la carne de grasa y tendones. Córtela en trozos de 2 cm de ancho y 3 cm de largo. Vierta la salsa de ostras en un bol y marine en ella la carne durante 10 minutos.

2. Caliente la mitad del aceite en un wok antiadherente y rehogue el romanesco unos 3 minutos. A continuación, vierta el resto del aceite por un lado.

3. Pele el diente de ajo y píquelo muy fino. Añádalo al aceite y sofríalo. Después, incorpore las tiras de carne marinada y rehóguelas 1 minuto sin dejar de remover y saltear.

4. Añada los chalotes, el jengibre y los tomates. Mézclelo todo moviendo el wok. Rehóguelo solo un poco para que la verdura quede crujiente.

5. Por último, añada el cilantro picado, el azúcar y el zumo de lima.

Mézclelo una vez más y sírvalo.

■ Este plato se puede mezclar con fideos chinos o tallarines de arroz cocidos. En este caso, utilice 200 g de pasta cocida.

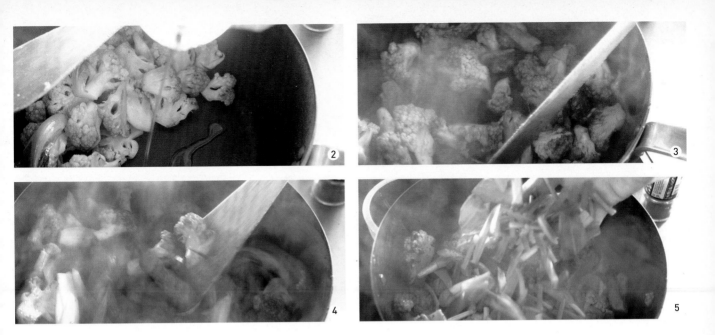

2 sillas de cordero
(de 1-1,2 kg cada una)

una pizca de sal,
una pizca de pimienta negra

3 cucharadas de aceite de oliva

6 dientes de ajo

2 ramas de romero

30 g de mantequilla (manteca)

Costillar de cordero al romero

1. En lugar de una silla, también puede utilizar un costillar ya preparado, al que, no obstante, deberá limpiar los huesos de las costillas. Coloque la silla sobre una tabla y con un cuchillo realice un corte de 1 cm en la piel bajo el lomo.

2. Corte la piel y la carne de las costillas.

3. Raspe la membrana de los huesos con el cuchillo; de este modo se puede quitar mejor la piel.

4. Con cuidado, elimine con los dedos la piel que rodea los huesos hasta que queden limpios.

5. Dele la vuelta y elimine la piel de ese lado.

6. Realice una incisión a lo largo del hueso del espinazo. Elimine con cuidado los tendones blancos. A continuación, siga cortando por el lomo hasta las costillas.

7. Vuelva a darle la vuelta y separe el costillar del hueso del espinazo con unas tijeras de cocina afiladas.

8. Quite los tendones y huesos del costillar. Salpimiente por ambos lados.

9. Caliente el aceite en una sartén grande y coloque en ella el costillar con la parte superior hacia abajo. Aplaste con la mano los dientes de ajo con su piel y colóquelos encima junto con las ramas de romero. Riéguelo con el jugo y, pasados 5 minutos, dele la vuelta.

* *60
*

■ El costillar se puede asar también con una marinada de nueces pacanas y limón. Trocee las nueces en trozos grandes, corte en tiras finas la corteza de 2 limones y mézclelo con las hojas de 1 rama de romero, 2 cucharadas de aceite de oliva y 1 cucharadita de mostaza a la antigua. Añada la salsa al asado en los 5 últimos minutos. Queda muy bien acompañado de patatas gratinadas y judías verdes.

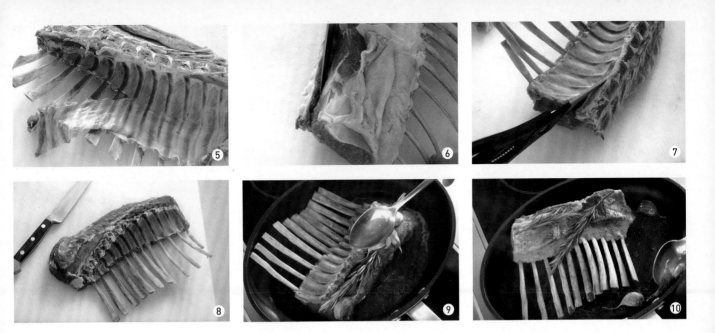

10. Vuelva a colocar el romero sobre el costillar, para que no se queme en la sartén, y añada la mantequilla. Introduzca el costillar en el horno precalentado a 180 °C durante unos 10 minutos y rocíelo varias veces con el jugo del asado por encima. A continuación, sáquelo del horno y cúbralo con papel de aluminio. Déjelo reposar unos 3 minutos.

Por último, trínchelo y sírvalo.

150 g de cebollas

 400 g de pierna de ternera

 4 cucharadas de aceite vegetal

 1 pimiento (morrón) seco

 una pizca de sal,
una pizca de pimienta negra

 3 cucharadas de pimentón dulce

 1 cucharada de concentrado
de tomate

 300 g de arroz de grano largo

 150 g maíz (choclo) en grano
de lata

Carne al estilo húngaro con maíz

1. Pele las cebollas, córtelas por la mitad y luego en juliana. Corte la carne primero en rodajas y estas en tiras. Caliente el aceite en una cacerola a fuego medio, añada la cebolla y sofríala. Agregue el pimiento entero.

2. Incorpore la carne, salpimiéntela, espolvoree el pimentón y rehóguela a fuego lento. A continuación, aparte la carne a un lado, vierta el concentrado de tomate y déjelo sofreír a fuego lento para que pierda su acidez.

3. Añada el arroz crudo, mézclelo todo bien y rehóguelo a fuego lento.

4. Escurra bien el maíz e incorpórelo al arroz. Llene la cacerola con agua, llévela a ebullición y déjelo cocer tapado a fuego medio durante unos 25 minutos. Remueva de vez en cuando y añada algo de agua si fuera necesario.

5. El plato estará listo cuando el arroz haya absorbido todo el líquido.

Sírvalo en los platos y espolvoree el pimentón.

■ El agua puede sustituirse por caldo de carne, con lo que quedará aún más sabroso. Además, puede añadir pimiento rojo y amarillo cortado en juliana.

5 enebrinas

 5 granos de pimienta blanca

 2 cebollas

 160 g de zanahorias

 160 g de puerros

 160 g de apio

 1 cucharada de sal marina gruesa

 1 kg de carne para guisar o tapilla de cadera

 2 clavos (clavos de olor)

 1 hoja de laurel

 3 ramitas de perejil

½ manojo de cebollino (ciboulette)

1

Estofado de ternera con verduras

1. Machaque las enebrinas y los granos de pimienta con el cuchillo plano.

2. Corte por la mitad las cebollas sin pelar, pero quite el ápice de la raíz. Lave y limpie los tubérculos. Pele y corte por la mitad las zanahorias, y corte los puerros y el apio en trozos de 2 o 3 cm.

3. Ponga agua en una olla y llévela a ebullición. Introduzca la carne y déjela hervir a fuego lento durante 1 hora.

4. Al cabo de 1 hora, añada los tubérculos troceados y las especias y hiérvalo todo 1 hora más.

5. Por último, rectifique de sal y pimienta.

Coloque la carne en una fuente y acompáñela con la verdura cortada en trozos pequeños. Espolvoree perejil picado y tiras de cebollino.

■ Acompañe este plato con patatas al perejil o salteadas, o con espinacas a la crema. Resulta también deliciosa con salsa de rábano picante.

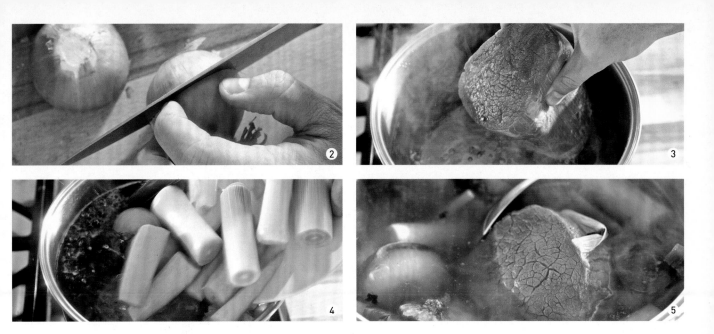

100 g de mantequilla (manteca)

 1 huevo entero y 1 yema

 1 cucharadita de perejil picado

 una pizca de sal

 una pizca de nuez moscada

 60 g de harina instantánea

 1 cucharada de harina (tipo 405)

 2 l de caldo de ave

Caldo de pollo con albondiguillas de mantequilla y nuez moscada

1. Bata la mantequilla a temperatura ambiente a punto de espuma. A continuación, añada el huevo, la yema, el perejil, sal y nuez moscada rallada. Remueva hasta ligar todos los ingredientes.

2. Incorpore la harina instantánea con una espátula y déjelo reposar 10 minutos.

3. Forme albondiguillas utilizando dos cucharitas y moviendo una contra otra.

4. Coloque las albondiguillas sobre una tabla enharinada y déjelas reposar 30 minutos en la nevera.

5. Hierva el caldo e introduzca las albondiguillas. Déjelas hervir a fuego lento hasta que floten. Entonces, tape la cazuela y déjelas reposar 25 minutos.

Sírvalo en tazones o cuencos y espolvoree con nuez moscada.

90

■ Como guarnición puede añadir hortalizas de raíz en juliana cocidas y un poco de carne de pollo.

300 g de fideos chinos al huevo

 5 cucharadas de aceite vegetal

 6 guindillas secas (chiles)

 2 zanahorias

 200 g de brócoli

 2 pechugas de pollo

 2 cucharadas de pasta de judías (porotos) negras

 100 g de brotes de soja

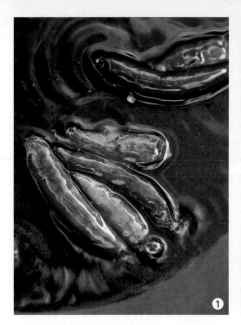

Pasta con pollo al estilo de Shanghái

1. Cueza la pasta. Caliente el aceite en un wok y dore la guindilla. De este modo, pierde un poco de su picante.

2. Pele las zanahorias y córtelas a lo largo por la mitad y luego en tiras transversales. Corte el brócoli en cabezuelas. Añada la zanahoria y el brócoli al wok y remueva sin cesar durante 3 minutos. Dele vueltas a menudo.

3. A continuación, corte la pechuga en tiras finas. Incorpórela al wok, mézclela con la pasta de judías y siga removiendo.

4. Por último, añada la pasta cocida y los brotes, mézclelo todo un poco y siga rehogándolo.

Repártalo en los platos y sírvalo enseguida.

■ Este plato admite también la combinación con espárragos verdes, pimientos, tirabeques o col china.

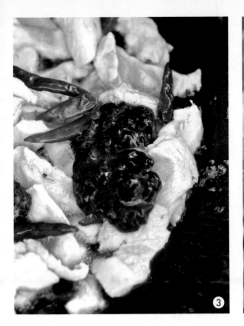

4 pechugas de pato
(de 200 g cada una)

 2 naranjas

 una pizca de sal,
una pizca de pimienta

 2 cucharadas de aceite vegetal

 10 cl de Cointreau

 200 ml de zumo (jugo) de naranja

 2 cucharadas de pimienta verde
en salmuera

Pechugas de pato asadas con salsa de pimienta y naranja

1. Coloque las pechugas sobre una tabla con la piel hacia arriba y recorte la que sobresalga. Con un cuchillo, realice cortes cruzados transversales sobre la piel.

2. Lave bien las naranjas con agua caliente y séquelas. Con un rallador fino ralle la corteza; luego elimine la piel blanca con un cuchillo. Por último, córtelas en rodajas.

3. Salpimiente las pechugas por ambos lados. Caliente un poco de aceite en una sartén y colóquelas con la piel hacia abajo.

4. Fría las pechugas a fuego moderado durante unos 10 minutos. Entretanto, rocíelas con el aceite que suelta la piel, manteniéndola hacia abajo; así quedará mucho más crujiente.

5. Coloque las pechugas sobre un plato con la piel hacia arriba y déjelas reposar. Escurra la grasa, introduzca la ralladura en la sartén y desglase el jugo que haya quedado con el Cointreau. Añada el zumo y caliente dentro los granos de pimienta y las rodajas de naranja.

Acompañe las pechugas con la salsa resultante.

■ Separe con cuidado los tendones del interior con un cuchillo. No llegan a ablandarse con la breve cocción.

1 pato entero

 3 chalotes (echalotes)

 1 manzana pequeña

 una pizca de sal,
una pizca de pimienta negra

 1 diente de ajo

 ½ manojo de mejorana fresca

 ¼ l de agua

1

Pato relleno de manzana

1. Pídale al carnicero que le prepare el pato y le ponga aparte el cuello, las alas y las vísceras. Pele los chalotes y córtelos por la mitad. Corte la manzana en cuartos, quítele el corazón y vuelva a cortar cada trozo por la mitad. Limpie el pato por dentro y séquelo con papel de cocina. Salpiméntelo. Rellene el pato con los chalotes, el ajo entero, la manzana y una rama de mejorana.

2. Cierre el orificio con palillos, átelo con bramante y corte los extremos de los palillos con una tijera. De este modo, el relleno no se saldrá y su sabor permanecerá en el interior. Si fuera necesario, quite las plumas que pudieran quedar en la piel con unas pinzas de cocina.

3. Salpimiente el pato por fuera y frote las especias sobre la piel.

4. Coloque el pato en una fuente adecuada y disponga a su alrededor el menudillo, el cuello y las alas. Vierta la mitad del agua e introduzca la fuente en la parte más baja del horno precalentado a 180 °C con circulación de aire.

■ Acompáñelo con rosti de patata, lombarda o chucrut. Pase el jugo del asado por un colador fino y utilícelo como salsa. Como es muy concentrado, basta con rociar un poco sobre la guarnición.

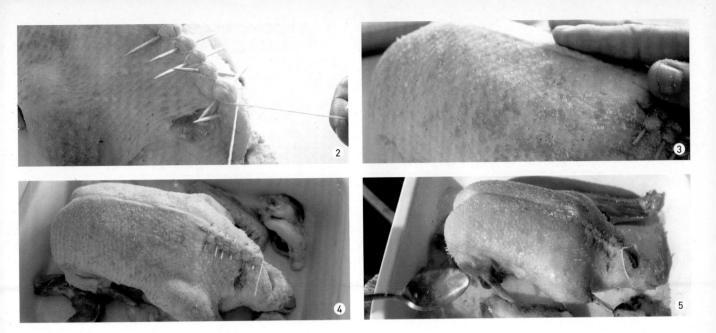

5. Rocíe el pato con su propio jugo. Tras unos 45 minutos vierta el resto del agua y áselo otros 45 minutos. En cuanto se haya asado, corte el bramante con un cuchillo y retire los palillos.

Coloque el pato en una fuente grande y decórelo con unas ramas de mejorana.

500 g de judías (porotos) pintas

 80 g de zanahorias

 80 g de apionabo

 2 dientes de ajo

 80 g de cebollas

 2 cucharadas de aceite de oliva

 4 ramas de romero

 3 hojas de laurel

 1 cucharadita de semillas de hinojo

 1 cucharada de concentrado de tomate

 200 ml de vino blanco

 una pizca de sal, una pizca de pimienta negra

 1 l de caldo de ave

 2 pechugas de pato

Ragú de judías con pechuga de pato asada

1. Ponga las judías a remojo durante al menos 2 horas. Pele la zanahoria y el apionabo y córtelos en dados de ½ cm. Maje los dientes de ajo con su piel, pele la cebolla y córtela también en dados. Caliente 2 cucharadas de aceite en una cazuela poco honda y añada la cebolla, la zanahoria y el apionabo. Rehóguelo a fuego lento durante 10 minutos.

2. Incorpore el romero, el laurel, las semillas de hinojo picadas y el ajo. Deje que se doren ligeramente.

3. Aparte la verdura a un lado de la cazuela. Vierta el tomate en el hueco libre y déjelo sofreír para que pierda acidez. Desglase con vino blanco y llévelo a ebullición. Escurra las judías en un colador.

4. A continuación, incorpore las judías y dórelas otros 2 minutos. Salpimiéntelas, vierta el caldo y déjelo hervir a fuego lento 50 minutos. Remueva de vez en cuando para que las judías no se peguen, pero con cuidado para no deshacerlas. Si es necesario, añada más agua. Prepare las pechugas de pato como se explica en las págs. 54 y 55.

+ 2 horas en remojo

✳ ✳ ✳ **80**

■ Resulta más fácil picar las semillas de hinojo si antes se rocían con aceite; de ese modo no saltan. El ragú de judías pintas también combina muy bien con salchichas o manitas de cerdo rellenas.

4 pichones

 4 rebanadas de pan blanco

 1 chalote (echalote)

 ½ manojo de perejil

 100 g de mantequilla (manteca)

 2 huevos

 una pizca de sal,
una pizca de pimienta negra

 una pizca de nuez moscada

 8 lonchas (fetas) de panceta
ahumada

 4 dientes de ajo

10 enebrinas

2 cucharadas de aceite vegetal

4 ramas de romero

Pichones rellenos envueltos con panceta

1. Pídale al carnicero que le prepare los pichones y le ponga aparte el corazón y los riñones. Pique fino las vísceras. Quite la corteza al pan y corte la miga en dados de ½ cm. Pele y pique el chalote. Lave el perejil, separe las hojas y píquelas. Bata la mantequilla a temperatura ambiente en una fuente hasta que quede espumosa. Separe la clara de los huevos y añada las yemas. Salpimiente, ralle nuez moscada y mezcle bien. Añada el chalote y el perejil.

2. Agregue las vísceras y el pan, y mézclelo con cuidado.

3. Limpie los pichones por dentro con papel de cocina y elimine los restos de sangre y membranas. Salpimiente por dentro y por fuera y rellénelo con la masa.

4. Envuelva cada pichón con 2 lonchas de panceta y átelos con bramante. Machaque con el cuchillo plano el ajo con su piel y las enebrinas.

5. Caliente el aceite en una sartén y coloque en ella los pichones junto con el romero, la enebrina y el ajo. Fríalos primero por el lado de los muslos y luego por el lomo. A continuación, áselos en el horno, previamente calentado, a 210 °C con circulación de aire durante 25 minutos. Rocíelos de vez en cuando con su propio jugo.

Sáquelos, quíteles el bramante y córtelos por la mitad a lo largo con un cuchillo bien afilado. Colóquelos en los platos y sírvalos.

*** 90

■ Hornee el relleno sobrante en un molde para suflé a 200 °C durante unos 15 minutos. Previamente, unte el molde con mantequilla para que después se pueda volcar mejor el contenido. Puede acompañar los pichones con calabaza gratinada o escorzonera.

1 cabeza de ajo

 1 limón

 1 manojo de perejil

 4 pollitos (de 350 g cada uno)

 1 cucharadita de sal,
una pizca de pimienta negra

300 g de chalotes (echalote)

60 g de mantequilla (manteca)

Pollitos asados con limón y ajo

1. Coloque la cabeza de ajo con el tallo hacia arriba sobre una superficie de trabajo y presiónela con la palma de la mano para que se suelten los dientes. Quíteles la piel externa y maje los dientes con la piel restante. Lave el limón con agua caliente y córtelo en rodajas de ½ cm. Lave el perejil. Eviscere los pollitos, límpielos y séquelos por dentro con papel de cocina.

2. A continuación, salpimiente bien la carne por dentro y por fuera. Rellene con el ajo y el perejil. Reserve algunas ramitas para decorar.

3. Coloque los pollitos rellenos en una fuente refractaria. Lave los chalotes, retire la cáscara y el tallo y repártalos alrededor del pollo. Por último, extienda la mantequilla sobre la carne.

4. Introduzca la bandeja en el horno precalentado a 180 °C y deje asar la carne durante 25 minutos. Después, cúbrala con las rodajas de limón, vierta 100 ml de agua, rocíe con el jugo del asado y déjela otros 15 minutos.

Saque la bandeja del horno, decore el asado con el resto del perejil y acompáñelo con los chalotes y su propio jugo.

 **80**

■ Arranque las plumas que queden, sin dañar la piel, con los dedos o con unas pinzas para quitar espinas al pescado. De lo contrario, la pechuga quedará seca. El pollito también se puede comer frío acompañado con cualquier guarnición de patatas.

Índice